Corinna Lenz

Hundespielzeug

einfach selber machen

Ulmer

Inhalt

4   Hundespiele für jede Gelegenheit

6   **SPEZIAL:** Die fünf Vorteile des Spielens

10   Zerr- und Laufspiele

12   Zerrschlaufe

14   Sockentau

16   **SPEZIAL:** Motiviert dabei

18   Beuteschleuder

20   **SPEZIAL:** Übungen zu Zerrspielen

22   Fleecezopf

24 Schnüffel- und Suchspiele

26 Buddelkiste

28 **SPEZIAL:** Warum Such- und Schnüffelspiele?

32 Naschpalette

34 Rollende Snackdose

36 Suchdecke

38 Leckerli-Schiebe-Brett

40 Intelligenzspiele für Hunde

42 Zauberkiste

44 **SPEZIAL:** Werkzeug optimal nutzen

46 Spionspiel

48 Spielgerüst: Basis-Gestell

50 Aufsätze: Flaschenschleuder und Lottotrommel

52 Aufsätze: Glockenturm

54 **SPEZIAL:** Spielregeln für Zweibeiner

56 Fun Park

62 Service

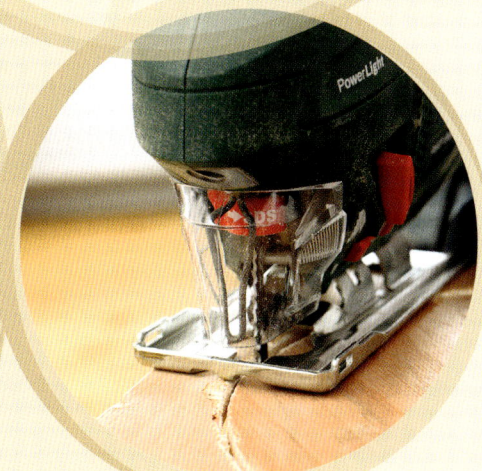

Hundespiele für jede Gelegenheit

Mixhündin Peanut wühlt mit ihren Pfoten in einer Kiste voller Plastikbälle. Ihre Nase ist schon lange auf Tauchstation und ihre Rute wedelt schnell hin und her. Das Spiel, das sie so sehr beschäftigt, ist die **Buddelkiste** (Seite 26): Kleine Futterbröckchen werden zwischen den Bällen verteilt und Peanuts Aufgabe ist es, diese zu erschnüffeln – natürlich darf sie die gefundenen Leckereien dann auch verputzen. Dabei geht Peanut ganz natürlichen Beschäftigungen nach: Buddeln, Schnuppern und Fressen.

Immer das passende Spiel

In diesem Buch finden Sie tolle Beschäftigungsideen für zwischendurch und Spiele, die ganze Nachmittage füllen können. Das macht es Ihnen einfach, die Pflichten und Anforderungen des Alltags mit den Bedürfnissen Ihres vierbeinigen Gefährten zu vereinbaren und gemeinsam **viel Spaß** zu haben.

Bei der Auswahl der Spiele habe ich mich an den urtypischen Verhaltensweisen von Hunden orientiert. Denn der Einsatz der Nase, das Laufen, das Jagen und das um die Wette Zerren machen Vierbeiner ausgeglichen und glücklich. Meine drei Hunde zeigen Ihnen, wie es geht.

Individuell und kreativ

Seien Sie kreativ! Indem Sie die Spiele selbst herstellen, können Sie sie ganz nach den Vorlieben Ihres Hundes gestalten und die Anleitungen weiterentwickeln. Haben Sie beispielsweise das **Spielgerüst** auf Seite 48 gebaut, kommen Ihnen vielleicht noch weitere spannende Ideen, wie Sie Ihren Hund damit wunderbar beschäftigen können.

Die Anleitungen sind für Do-it-yourself-Anfänger geschrieben und die Werkzeuge werden ab Seite 44 erklärt. Ein toller Nebeneffekt beim Selbermachen: Die vierbeinigen Spieler stört es überhaupt nicht, wenn ein Spiel Schönheitsfehler hat.

Solange Ihr Hund Spaß beim Spielen hat, ist alles super. Entdecken Sie die vielen Vorteile des Spielens. Fangen Sie gleich an – Ihr Vierbeiner wird es Ihnen danken!

Links: Die zweijährige Mixhündin Peanut ist ein echter Spielprofi. Wenn es kompliziert wird, macht es ihr so richtig Spaß.

Mitte: Pudel-Dame Snoopy ist etwas zurückhaltender und muss erst langsam an Neues herangeführt werden, doch dann ist sie mit Begeisterung dabei.

Rechts: Der einjährige N'Joy ist Azubi in Sachen Spiel, zeigt aber schon, wie talentiert er ist. Er spielt mit Begeisterung und schult damit ganz nebenbei seine Feinmotorik.

Die fünf Vorteile des Spielens

Spielen Sie mit Ihrem Hund. Lassen Sie ihn Denkaufgaben lösen, messen Sie Ihre Kräfte bei einem wilden Zerrspiel und verstecken Sie Futter für ihn. Beim gemeinsamen Spiel lernen Mensch und Hund sich in vielen unterschiedlichen Situationen kennen. Es entsteht Vertrauen. Ganz nebenbei lernen Sie, wie Sie Ihren Vierbeiner auch in Erziehungsfragen motivieren können und wie er spielerisch an Selbstbewusstsein gewinnt.

Ausgelastet und entspannt – Spielprofi Peanut gönnt sich ein Päuschen.

1. Sich besser verstehen

Durch Spiele lernen Sie die Körpersprache Ihres vierbeinigen Spielpartners besser kennen und Ihr Hund lernt, Ihre besser zu deuten. Wenn Sie Ihrem kleinen Freund bei einem Suchspiel durch Fingerzeig in die richtige Richtung eine Hilfe geben, merkt er schnell, was Sie mit Ihrer Handbewegung ausdrücken wollen. Halten Sie ein **Fleecetau** (Seite 12 und Seite 22) fest und Ihr Hund zerrt an der anderen Seite mit Ihnen um die Wette, könnte dies je nach Hundetemperament dazu führen, dass er überdreht. Vielleicht zeigt er dies durch tiefes Knurren, eine gerunzelte Stirn oder ein anderes Anzeichen. Jeder Hund ist anders. Beim Spielen lernen Sie die Eigenheiten Ihres Hundes kennen und wissen, wann Sie es lieber ruhiger angehen lassen sollten. So können Sie in einer spielerischen Situation testen, welche Maßnahmen Ihrem Vierbeiner helfen, sich zu entspannen.

2. Erziehung wird zum Spiel

Durch Spiele wird die Erziehung Ihres Hundes einfach. Denn genauso, wie der Alltag Regeln mit sich bringt, gibt es auch beim Spielen feste Regeln. Nutzen Sie die passenden Momente, um diese Ihrem Hund spielerisch beizubringen.

Lernen ist immer von Gefühlen begleitet. In einem entspannten Umfeld lernt es sich auch für Ihren Hund am leichtesten. Außerdem werden Sie als interessanter Spielpartner wahrgenommen. Dies hat zur Folge, dass Ihr Hund vermehrt auf Sie achten wird.

Rufen Sie ihn auf einem Spaziergang zu sich und überraschen Sie ihn gelegentlich mit seinem Lieblingsspiel, wird Ihr Hund auf Ihr Signal hin immer öfter freudig angerannt kommen.

Das Vertrauen in der Mensch-Hund-Beziehung wächst spielerisch.

3. Überschüssige Energie abbauen

Stellen Sie die Spiele individuell für Ihren Hund zusammen. Läuft er ungeduldig durch das Haus und möchte vor allem rennen, dann gehen Sie doch gemeinsam mit ihm „jagen". Mit der **Beuteschleuder** (Seite 18 ff.) können Sie den Jagdtrieb Ihres Hundes gezielt in ein kontrolliertes Spiel verwandeln. Aber nicht nur Lauf- und Apportierspiele bauen überschüssige Energie ab: Spiele wie die **Zauberkiste** (Seite 42) fordern Ihren Hund geistig und machen ihn so müde und ausgeglichen. Ist Ihr Hund noch zu jung für lange Spaziergänge oder darf er sich nach einer Operation nicht viel bewegen, sind besonders Denk- und Konzentrationsspiele eine schöne und wetterunabhängige Beschäftigung.

4. Den Körper bewusst wahrnehmen

Ihr Hund wird beim **Fun-Park-Spiel** (Seite 56 ff.) die Schubladen mit der Schnauze aufziehen und das Drehrad mit den Pfoten drehen. Er lernt, seine einzelnen Körperteile gezielt einzusetzen und verfeinert mit jedem Spiel seine Motorik. Die durch Spiele gesteigerte Körperwahrnehmung kann auch bei Hundesportarten wie Agility und Obedience von Vorteil sein.

Beim Spielen erlernte Bewegungen können auch in anderen Bereichen nützlich sein und weiteres Lernen einfacher machen: Verwenden Sie zum Beispiel beim **Zauberkistenspiel** (Seite 42) immer das gleiche Kommando, wenn Ihr Hund die Kiste anstupst, können Sie dieses Kommando auch bei Tricks mit anderen Gegenständen anwenden, die er mit der Nase anstoßen soll, etwa um eine Tür zu schließen.

5. Das Selbstbewusstsein stärken

Durch Spiele werden Hunde selbstbewusster. Sie lernen, dass sich ihre Anstrengungen lohnen und sie durch eigene Initiative an Futter gelangen. Hat Ihr Hund vielleicht Angst vor bestimmten Objekten oder Geräuschen, können Sie ihn spielerisch daran gewöhnen. Verstecken Sie z.B. Futter in einer **Buddelkiste** (Seite 26) in der Nähe des Angst auslösenden Gegenstandes und lassen Sie Ihren Hund selbstständig immer näher an den Gegenstand herangehen.

Wichtig: Gehen Sie immer ohne Zwang und in ganz kleinen Schritten vor.

„Drehen, ziehen, stubsen, schieben – irgendwie werd' ich schon an die Leckerlis kommen!"

Auf einen Blick

Ist ein Spiel einfach oder schwer?
Wie aufwendig ist die Herstellung? Zu jedem Spiel finden Sie
Infos zum Zeitaufwand und
zum Schwierigkeitsgrad:

Zeitaufwand:

 gering

 mittel

 hoch

Schwierigkeitsgrad:

 einfach

 mittel

 anspruchsvoll

„Mein Frauchen bastelt mir einen Fleecezopf und danach spielen wir
damit. Ich freu' mich schon!"

Zerr- und Laufspiele

Zerrschlaufe

Spielidee:

Mit dem Hund um die Wette zerren. Ein toller Spaß!

Das brauchen Sie:

- 3 Fleecestreifen in unterschiedlichen Farben, je 160 cm Länge x 8 cm Breite

Benötigtes Werkzeug:

- Schere
- Maßband

Tipp

Schneiden Sie die Streifen aus Fleecedecken aus, diese bekommen Sie zum Beispiel in Einrichtungshäusern recht preiswert. Alternativ können Sie auch Streifen aus T-Shirts ausschneiden.

So geht's:

1. Legen Sie die drei Fleecestreifen übereinander und messen Sie auf einer Seite 50 cm ab.

2. Klemmen Sie sich ein abgemessenes Ende zwischen die Knie und beginnen Sie mit dem Flechten des langen Streifens. Dazu wird immer abwechselnd der äußere Streifen in die Mitte gelegt.

   Beispiel: Links liegt der rote Streifen, in der Mitte der weiße und rechts der blaue. Nehmen Sie den blauen Streifen und legen Sie ihn in die Mitte, dann den roten Streifen, dann den weißen usw. (Foto Seite 13 oben). Hören Sie 50 cm vor dem anderen Ende mit dem Flechten auf.

3. Klappen Sie die Streifen zusammen, sodass die beiden Enden übereinander liegen. Sie halten nun sechs Streifen in der Hand. Legen Sie die farblich passenden Streifen übereinander und flechten Sie den Rest: Nehmen Sie zum Beispiel die beiden links liegenden blauen Streifen in die Mitte, dann die beiden rechts liegenden roten usw. (*Foto Seite 13 unten*).

4. Knoten Sie zum Schluss das Ende zusammen – fertig ist die Zerrschlaufe.

Spielanleitung

Motivieren Sie Ihren Hund zum Spielen, indem Sie die Zerrschlaufe in Zickzackbewegungen vor ihm her ziehen. Weitere Tipps zum gemeinsamen Spiel finden Sie ab Seite 16.

N'Joy kann's kaum erwarten, bis die Zerrschlaufe fertig ist.

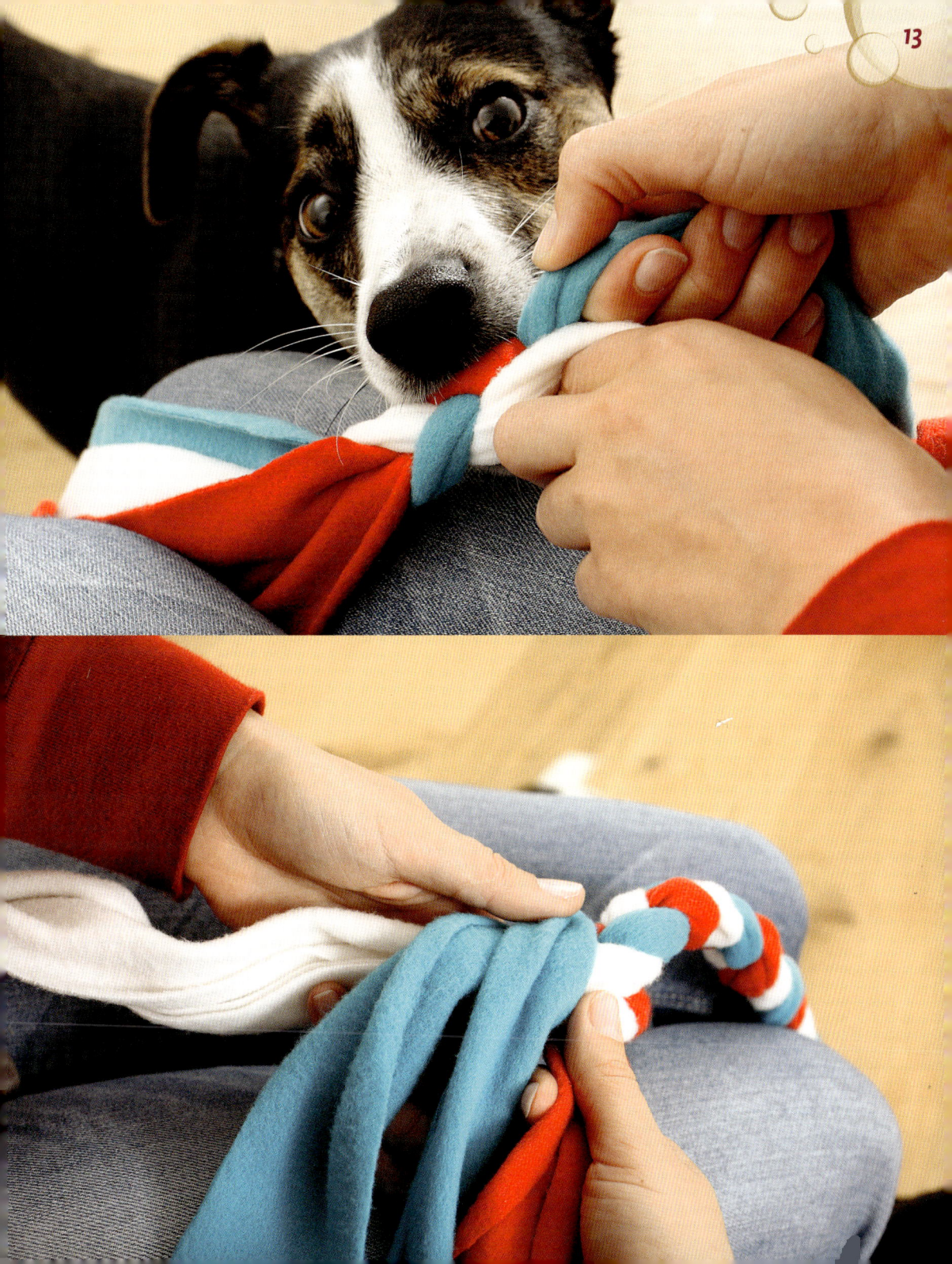

Sockentau

Spielidee:

Ob Tauziehen oder Apportieren: Mit dem Sockentau lässt sich so einiges anstellen.

. . . .

Das brauchen Sie:

- 1 Kniestrumpf
- ca. 6 alte Socken

. . . .

So geht's:

1. Stecken Sie drei Socken in den Kniestrumpf und machen Sie danach einen Knoten, damit die Socken nicht herausfallen können.

2. Stecken Sie die restlichen Socken in den Kniestrumpf und knoten Sie den Strumpf zu.

Tipp

Statt der Kniestrümpfe kann man auch die stabileren Hosenbeine von Jeans verwenden.

„Dauert's noch lange, bis mein Sockentau fertig ist?"

„Spielst du mit mir?"

Motiviert dabei

Vorlieben herausfinden

Gezielt springt die kleine Hündin Peanut an einem Holzgestell hoch, das eine mit Futter gefüllte Flasche hält. Mit leuchtenden Augen und ohne den Blick vom Spielfeld abzuwenden, dreht sie mit einer Pfote blitzschnell die Flasche herum. Futter purzelt heraus – und ehe sie die Brocken komplett aufgefressen hat, dreht sie erneut an der Flasche. Neben dem Spielfeld räkelt sich gemütlich ihr vierbeiniger Kumpel N'Joy in der Sonne. Flasche und Leckerlis hat er nicht eines Blickes gewürdigt.

Jeder Vierbeiner hat unterschiedliche Vorlieben. Während der eine Hund hoch motiviert an ein Spiel herangeht, interessiert es einen anderen gar nicht. Woran liegt das? Was macht Motivation aus?

Motiviert ist ein Hund, wenn er eine Tätigkeit besonders gerne ausführt. Um herauszufinden, welche Vorlieben Ihr Hund hat, spielen Sie im Kopf einmal durch, bei welcher Beschäftigung er besonders glücklich ist: Schnüffelt er auf Spaziergängen jeden Zentimeter intensiv ab, jagt er gerne anderen Tieren hinterher oder schaut er eigentlich nur nach dem Futter in Ihrer Tasche?

Machen Sie sich eine Liste mit den zehn liebsten Beschäftigungen Ihres Hundes. Schreiben Sie dabei auch solche Hobbys auf, die Ihnen nicht gefallen, wie vielleicht: den Mülleimer ausräumen, Kartons kaputt beißen, Löcher im Garten buddeln oder am Hosenbein ziehen.

Peanut ist voller Begeisterung und hoch konzentriert dabei.

Mit Leckerchen lassen sich die meisten Vierbeiner motivieren.

Passende Spiele finden

Nehmen Sie sich die Liste mit den Hobbys Ihres Hundes und schreiben Sie neben jede Tätigkeit ein passendes Spiel. Zur Orientierung denken Sie etwa an Zerr- und Laufspiele, an Schnüffel- und Suchspiele oder an Knobelspiele.

Falls Sie Sorge haben, dass Ihr vierbeiniger Freund durch die Spiele vermehrt Unfug anstellen wird: Dem wird nicht so sein, denn durch die Spiele darf Ihr Hund seine Vorlieben ausleben und wird somit ausgeglichener. Zudem können Sie ihn beim Spielen gezielt trainieren: Führen Sie beispielsweise Kommandos für den Start und das Ende eines Spiels ein, damit Sie das Spiel besser kontrollieren können. Probieren Sie es aus – Ihr Hund wird ausgeglichen und glücklich auf die nächste gemeinsame Spieleinheit warten!

Die Liste könnte folgendermaßen aussehen:

Hobby	passendes Spiel
Mülleimer ausräumen	Naschpalette, Seite 32
Jagen	Beuteschleuder, Seite 18
Futter	Suchdecke, Seite 36; Fun Park, Seite 56
Schnüffeln	Buddelkiste, Seite 26
Löcher buddeln	Spionspiel, Seite 46; Fun Park, Seite 56
Am Hosenbein ziehen	Zerrschlaufe, Seite 12, Fleecezopf, Seite 22
Ball apportieren	Sockentau, Seite 14; Beuteschleuder, Seite 18
Selbstständiges Spielen	Rollende Snackdose, Seite 34

Beuteschleuder

Spielidee:

Gemeinsam „auf die Jagd" gehen – was gibt es Aufregenderes?

Das brauchen Sie:

- 1 Besenstiel, 125 cm Länge, Durchmesser 2,2 cm
- 1 Gummiband oder eine Kordel, 250 cm Länge x 1 cm Breite
- Gewebeband, 4,8 cm Breite
- 1 Fleecespiel oder 1 Plüschtier

So geht's:

1. Befestigen Sie das Gummiband oder die Kordel mit dem Klebeband an einem Ende des Besenstiels.

2. Befestigen Sie das Spielzeug am anderen Ende des Gummibands bzw. der Kordel, indem Sie es festknoten.

Spielanleitung

Halten Sie die Beuteschleuder am Stiel fest und lassen Sie Ihren Hund dem Spielzeug auflauern und es jagen. Hierbei kann er sich so richtig auspowern. Wie bei der Jagd können Sie Ihrem Hund beibringen, erst auf Kommando loszujagen und die Beute zu Ihnen zu bringen.

Achtung!

Das Training ist für Hunde eine sportliche Höchstleistung. Trainingseinheiten von 2–5 Minuten sind ausreichend.
Wärmen Sie Ihren Hund zuvor mit einem Spaziergang auf und fordern Sie ihn nicht zu schnellen Drehungen auf, da dies für die Gelenke schädlich sein könnte und es zu Sportverletzungen wie Zerrungen kommen könnte. Das Spiel mit der Beuteschleuder eignet sich nicht für Hunde mit Problemen an der Wirbelsäule oder des Bewegungsapparats.

Geschafft! Nach einigen rasanten Runden hat Snoopy das Plüschtier erwischt.

Übungen zu Zerrspielen errspielen

Zerr- und Laufspiele sind eine wunderbare Möglichkeit, gemeinsam mit dem Hund jede Menge Spaß zu haben. Die Spiele sind körperlich anstrengend und wenn Sie die Spiele mit ein paar Übungen kombinieren, können Sie Ihrem Vierbeiner nützliche Dinge beibringen: Apportieren, das Tragen und Hergeben von Gegenständen oder Bleib-Übungen.

Zerrspiele

Bei Zerrspielen ziehen Sie und Ihr Hund wie bei einem Tauziehen um die Wette, zum Beispiel jeder an einem Ende eines Fleecespiels. Ein Zerrspiel hat den großen Vorteil, dass Sie und Ihr Vierbeiner es überall spielen können, ob drinnen oder draußen und Sie es auch sehr gut als Belohnung einsetzen können. Kommt Ihr Hund während eines Spaziergangs auf Ihren Ruf schnell angelaufen, können Sie mit dem **Fleecezopf** (Seite 22) oder der **Zerrschlaufe** (Seite 12) wedeln, um ihm ein Zerrspiel in Aussicht zu stellen.

Einige Vierbeiner überdrehen bei Zerrspielen: Sobald Sie erste Anzeichen dafür sehen, brechen Sie das Spiel ab. Hat Ihr Hund sich beruhigt, starten Sie erneut.

> ### Tipp
> *Beenden Sie das Spiel am besten jedesmal mit demselben Schlusswort (Seite 21).*

„**Das** will ich haben!"

„Das Spiel kann beginnen!"

„Aus"

Nehmen Sie sich ein paar besonders gute Leckerlis und spielen Sie mit Ihrem Hund Tauziehen. Nach etwa einer Minute halten Sie Ihrem Vierbeiner ein Leckerli direkt vor seine Nase. Kurz bevor er von dem Spiel ablässt, sagen Sie das gewünschte Kommando (etwa „Aus") und geben ihm das Futter. Sobald er das Leckerli gefressen hat, geben Sie ihm eine Spielaufforderung für ein weiteres Zerrspiel und spielen ausgelassen weiter. Ihr Hund soll lernen, dass das Hergeben nicht das Ende des Spiels bedeutet, sondern sich sein Verhalten lohnt, da er Futter bekommt und das Spiel danach weitergeht. Da Lernen immer von Emotionen begleitet ist, wird Ihr Vierbeiner das Ausgeben als etwas Tolles abspeichern und das Spielzeug nach einigen Wiederholungen sicher bald auch ohne das Futter hergeben.

Entspannung auf Kommando

Zerrspiele können für Hunde sehr aufregend sein. Diese spielerische Aufregung kann man dazu nutzen, seinem Hund Entspannung auf Kommando beizubringen. Hat der Hund gelernt, sich auf Kommando zu entspannen, kann man dies auch in anderen Situationen trainieren und abrufen.
Spielen Sie etwa 30 Sekunden mit Ihrem vierbeinigen Freund Tauziehen. Bleiben Sie dann plötzlich ruhig stehen und versuchen Sie, dabei so entspannt wie möglich zu sein. Hält Ihr Hund kurze Zeit inne, spielen Sie gleich weiter. Haben Sie dies ein paar Mal wiederholt, fügen Sie, während Ihr Hund ruhig stehen bleibt, ein entsprechendes Kommando (etwa „Ruhe" oder „Pause") hinzu.

Fleecezopf

Spielidee:

Spielerisches Kräftemessen. Ein Spaß für beide Seiten!

Das brauchen Sie:

- 4 Fleecestreifen in unterschiedlichen Farben
- 160 cm Länge x 8 cm Breite (siehe Tipp Seite 12)

Benötigtes Werkzeug:

- Schere
- Maßband

Tipp

Schneiden Sie die Streifen aus Fleecedecken aus, diese bekommen Sie zum Beispiel in Einrichtungshäusern recht preiswert. Alternativ können Sie auch Streifen aus T-Shirts ausschneiden.

So geht's:

1. Legen Sie die vier Fleecestreifen übereinander und knoten Sie sie an einem Ende zusammen. In unserem Beispiel (Seite 23) sind die Streifen weiß, blau, lila und rosa. Legen Sie als Rechtshänder den Knoten in Ihre linke Handfläche (Seite 23, Schritt 1).

2. Legen Sie den blauen Streifen um den Daumen herum und rechts neben den lila Streifen, der zwischen Zeige- und Mittelfinger liegt (Seite 23, Schritt 2).

3. Führen Sie den lila Streifen rechts neben den weißen Streifen, der zwischen Mittel- und Ringfinger liegt (Seite 23, Schritt 3).

4. Nun nehmen Sie den weißen Streifen (zwischen Mittel- und Ringfinger) und legen ihn rechts neben den rosa Streifen zwischen Ringfinger und kleinen Finger.

5. Zwischen Daumen und Zeigefinger bildet der blaue Streifen jetzt eine Schlaufe. Nehmen Sie nun den rosa Streifen, stecken ihn von unten durch und ziehen ihn ganz durch (Seite 23, Schritt 4).

6. Ziehen Sie gleichmäßig an allen Strängen, bis ein gleichmäßiges Kreuz entsteht (Seite 23, Schritt 5).

7. Arbeiten Sie nun wieder wie ab Schritt 2 weiter und legen Sie die einzelnen Streifen zwischen Ihre Finger. Dabei spielt es keine Rolle, wo sich welcher Streifen befindet.

8. Gehen Sie immer wieder zu Schritt 2, bis Sie am Ende der Fleecestreifen angelangt sind und knoten Sie die jeweils beiden gegenüberliegenden Streifen zusammen. Fertig – nun kann das Spiel losgehen!

1. Legen Sie die Fleecestreifen zwischen Ihre Finger.

2. Führen Sie den blauen Streifen um den Daumen herum und weiter zwischen Zeige- und Mittelfinger rechts neben den lila Streifen.

5. Ziehen Sie gleichmäßig an allen Strängen, bis ein gleichmäßiges Kreuz entsteht. Fangen Sie nun wieder bei Schritt 2 an, am Schluss knoten Sie die restlichen Streifen zusammen – fertig.

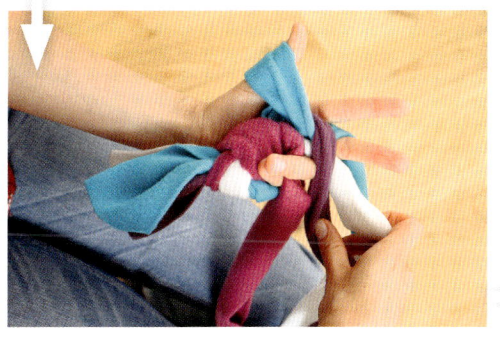

3. Der lila Streifen kommt nun neben den weißen, danach der weiße neben den rosa Streifen.

4. Ziehen Sie den rosa Streifen jetzt durch die blaue Schlaufe.

Schnüffel- und Suchspiele

Buddelkiste

Spielidee:

Hier kann Ihr Vierbeiner die Leistungsfähigkeit seiner Nase unter Beweis stellen.

....

Das brauchen Sie:

- 1 Holzkiste, z. B. 50 x 17 x 34 cm (B x H x T)
- ca. 500 Korken

Benötigtes Werkzeug:

- Stichsäge
- Bleistift

....

So geht's:

1. Zeichnen Sie mit einem Bleistift den Eingang der Buddelkiste vor. Lassen Sie vom Boden der Kiste aus gesehen 8 cm Platz, sodass die Korken später nicht herausfallen können.

2. Sägen Sie die vorgezeichnete Linie mit einer Stichsäge aus. Schmirgeln Sie die Ränder gut ab, damit es keine Verletzungen durch Splitter gibt.

3. Befüllen Sie die Kiste mit etwa 500 Korken. Nun nur noch Leckerchen darin verstecken und schon kann die Suche losgehen!

....

Tipp

Statt Korken können Sie auch Bälle oder zerknülltes Papier in die Buddelkiste füllen.

Tipp

*Weinhandlungen geben
Korken meist günstig ab.
Nachfragen lohnt sich!*

Abgetaucht. Pudel-Hündin Snoopy
liebt es, ihre Nase einzusetzen.

Warum Such- und Schnüffelspiele?

Beobachten Sie einmal Ihren Vierbeiner beim Spaziergang: Wahrscheinlich verbringt er viel Zeit damit, an Sträuchern, Grashalmen und Zaunpfählen zu riechen. Treffen sich Hunde, findet die Begrüßung oft durch Schnüffeln am Gesicht und am Hinterteil statt. „Hund" kann sich riechen – oder eben nicht.

Das im Gehirn für das Riechen zuständige Feld ist bei Hunden etwa zehn Mal so groß wie beim Menschen. Such- und Schnüffelspiele sind daher anstrengend und fordern sehr viel Konzentration von unseren Vierbeinern. Kein Wunder, dass sie nach getaner Schnüffelarbeit ziemlich müde sind.

Das Prinzip dieser Spiele ist immer das gleiche: verstecken und suchen lassen. Deshalb können diese Spiele ganz einfach in den normalen Alltag integriert werden – denn fressen müssen unsere Vierbeiner sowieso.

Gestalten Sie die Fütterung doch als Abenteuer: Verteilen Sie Futter im Wohnzimmer, verstecken Sie es in Handtüchern oder Socken – Ihr Hund wird schon wieder für Ordnung sorgen. Draußen freut sich Ihr Vierbeiner über eine Futterspur im Garten oder über verstreute Leckerchen auf der Wiese oder im Laub.

Gespannt beobachtet Peanut, wie Leckerlis im Zimmer versteckt werden. Gleich darf sie zeigen, was ihre Nase drauf hat!

…elspiele?

Schnüffeln bringt Abwechslung

Basteln Sie spannende Spiele, bei denen Ihr vierbeiniger Freund neben seiner Nase auch noch Pfoten und Maul richtig einsetzen muss. In wenigen Sekunden können Sie in der **Buddelkiste** (Seite 26) Futter zwischen den Korken verteilen – und er muss sich mit vollem Körpereinsatz durch die Korken hindurchsuchen. Bei der **rollenden Snackdose** (Seite 34) kann Ihr Hund das Futter nur riechen, muss sich aber erstmal überlegen, wie er es bekommt. Bei der **Suchdecke** (Seite 36) findet Ihr Hund die Futterbrocken, wenn er seine Nase in kleine Taschen steckt. Beim **Leckerli-Schiebe-Brett** (Seite 38) muss er die Deckel mit den Pfoten zur Seite schieben, um an das Futter zu gelangen.

Füttern Sie Ihrem Hund Frischfleisch, können Sie das Futter in kleine Schälchen verteilen und diese im Garten verstecken – einige können Sie auch ins Gebüsch hängen.

Zeigen Sie Ihrem Hund mit einer Fleischspur den Weg. Befüllen Sie hierzu eine Flasche mit Wasser, das mit etwas Nassfutter versetzt ist. Träufeln Sie dann vom Start- bis zum Zielpunkt das Wassergemisch auf den Boden. Ihr Hund wird dieser Spur folgen und so ans Ziel kommen, wo eine Belohnung auf ihn wartet. Mit einer Zickzackspur wird es noch schwieriger.

Diese Spiele sind abwechslungsreich, obwohl es wie gesagt immer ums Gleiche geht: verstecken und suchen. Deshalb ist es auch einfach, sich immer wieder neue Spiele auszudenken. Seien Sie kreativ – Ihr Hund wird es Ihnen danken!

Ob drinnen oder draußen: Schnüffeln ist spannend – und macht Hunde glücklich.

Spieldurchführung

Lassen Sie Ihren Hund zuschauen, während Sie das Spiel vorbereiten. Hierzu leinen Sie ihn an und binden die Leine irgendwo fest. Ist Ihr Hund sehr aufgeregt, legen Sie ihm einen Kauknochen oder ein paar Futterbrocken hin, die er während der Vorbereitungszeit fressen darf. Vermeiden Sie dabei, das Verhalten Ihres Hundes zu korrigieren, denn er könnte jeden negativen Einfluss vorher mit dem Spiel danach verbinden.

Haben Sie das Spiel soweit vorbereitet, leinen Sie Ihren Hund ab, sagen Sie das Startwort (z. B. „Such") und lassen Sie ihn eine Sekunde danach das Futter suchen. Am Ende des Spiels räumen Sie das Spiel wieder weg und beenden es mit dem Schlusswort (z. B. „Ende"). So bleibt das Spiel für Ihren Vierbeiner interessant – und Sie werden zum wichtigen Spielleiter, der bestimmt, wann es los geht!

„Raus mit den Bällen – ich will ans Futter! Eifrig durchwühlt Peanut die Buddelkiste nach Fressbarem.

Naschpalette

Spielidee:

Noch besser als Mauselöcher: Die Naschpalette bietet Spiel, Spaß, Spannung – und
Leckerlis!

Peanut beobachtet gespannt, wie Leckereien
in der Naschpalette versteckt werden.

Das brauchen Sie:

- *1 Blumenpalette aus stabilem Kunststoff*
- *4 Bälle oder Spielzeuge*
- *4 Pappbecher*
- *Pack- oder Zeitungspapier*

So geht's:

1. Legen Sie in jedes Loch der Palette ein Leckerchen.

2. Legen Sie die Bälle und die Pappbecher auf die
   Löcher der Blumenpalette.

3. Formen Sie aus dem Packpapier Papierkugeln
   und legen Sie diese auf die restlichen Öffnun-
   gen.

Spielanleitung

Helfen Sie Ihrem Hund bei den ersten Versuchen,
indem Sie das Papier und die Pappbecher nur locker
auf die Palette legen. Halten Sie dabei die Blumenpalette fest, sodass sie nicht kippen kann.
Variante: Nach und nach können Sie das Spiel schwieriger gestalten, indem Sie die Papierkugeln größer machen und die Pappbecher tiefer in die Palette stecken.

Endlich: Peanut darf ihre Schnüffelfähig-keiten unter Beweis stellen und sich ihre Leckerlis „erarbeiten".

Rollende Snackdose

Spielidee:

Geschickter Nasen- und Pfoteneinsatz führt
Ihren Hund zum leckeren Ziel.

Das brauchen Sie:

- 1 HT Muffe DN 100 (standardisierte Muffe mit
  11,5 cm Länge, gibt's im Baumarkt)
- 2 HT Stopfen DN 100 (passende Stopfen, gibt's
  im Baumarkt)

Benötigtes Werkzeug:

- Bohrmaschine
- Spiralbohrer, 20 mm

So geht's:

1. Reinigen Sie die Muffe und die Stopfen.

2. Bohren Sie mit der Bohrmaschine ein
   Loch in die Muffe. Aus dem Loch soll
   während des Spiels das Futter herausfallen. Achten Sie daher darauf, dass es
   groß genug wird.

3. Bohren Sie zusätzlich ein paar kleinere
   Löcher in die Muffe, damit Ihr Hund die
   Leckerlis besser riechen kann.

4. Füllen Sie Futter in die Muffe und ver-
   schließen Sie sie mit den Stopfen.

Spielanleitung

Lassen Sie Ihren Hund mit der lecker gefüllten Muffe
spielen. Je weniger Futter durch das Loch hinausfällt,
desto länger dauert der Spielspaß an.

Tipp

*Wenn Sie Ihren Hund zu Hause alleine lassen,
können Sie ihm vor dem Weggehen eine gefüllte
Snackdose geben – so kann er sich in Ihrer Abwe-
senheit allein beschäftigen.*

„Wie bekomme ich
bloß diese Leckerlis
aus der Dose?"

Suchdecke

Spielidee:

Abwechslungsreicher Schnüffelspaß, bei dem jeder Vierbeiner voll auf seine Kosten kommt – und zeigen kann, was in ihm steckt.

Das brauchen Sie:

- 1 Wolldecke, 200 cm Länge x 150 cm Breite
- 9 Filzstücke, ca. 15 cm x 15 cm
- Synthetikgarn, durchsichtig (reißfester als normales Garn)
- Stecknadeln

Benötigtes Werkzeug:

- Nähnadel oder Nähmaschine

So geht's:

1. Verteilen Sie die Filzstücke auf der Wolldecke.

2. Legen Sie die Filzstücke faltig, sodass später eine Hundenase hineinpasst. Stecken Sie die Filzstücke mit den Stecknadeln an drei Seiten fest. Die vierte Seite bleibt für die Suchöffnungen offen. Sie können den Schwierigkeitsgrad erhöhen, indem Sie die Suchöffnungen in unterschiedlichen Richtungen offen lassen.

3. Nähen Sie die abgesteckten Seiten mit einem schmalen Zickzackstich jeweils drei Mal fest. Drehen Sie hierzu die Decke so, dass Sie mit einem Stück Garn nähen können.

Achtung!

Suchen Sie die Decke im Anschluss gründlich nach eventuell vergessenen Stecknadeln ab, sonst könnte es für die Hundenase gefährlich werden.

Spielanleitung

Verteilen Sie Futter in den Taschen auf der Decke und lassen Sie Ihren Hund danach suchen. Hat er das Spiel verstanden, können Sie das Spiel interessanter machen, indem Sie nur noch in wenigen Taschen Futter verstecken. Noch schwieriger wird es, wenn Sie die Decke zum Suchen zusammenrollen oder über Ihre Beine legen.
Richtig knifflig: Hängen Sie die Decke doch mal in Hundenasenhöhe auf.

Pudel-Hündin Snoopy
liebt ihre neue Suchdecke,
weil es in jeder Tasche
was Leckeres zu ent-
decken gibt.

Leckerli-Schiebe-Brett

Spielidee:

Stupsen und schieben, um sich eine leckere Belohnung zu verdienen. So macht die Futtersuche doppelt Spaß!

Das brauchen Sie:

- 1 Holzbrett, 25 cm x 2 cm x 40 cm (B x H x T)
- 2 Kanthölzer, je 40 cm x 2 cm x 2 cm (B x H x T)
- 1 Kantholz, 6,5 cm x 2 cm x 2 cm (B x H x T)
- 2 Holzleisten, 40 cm x 0,5 cm x 5 cm (B x H x T)
- 4 Deckel, Durchmesser je 6,5 cm, Höhe maximal 1,8 cm (z. B. von Honig- oder Marmeladengläsern)
- Holzleim

Benötigtes Werkzeug:

- Schmirgelpapier oder Schleifmaschine
- Bleistift
- Küchentuch

So geht's:

1. Bearbeiten Sie die gesamten Holzteile mit Schmirgelpapier oder der Schleifmaschine, um alle Splitter zu entfernen.

2. Platzieren Sie das kurze Kantholz mittig auf der 25 cm langen Seite des Holzbretts. Legen Sie die beiden langen Kanthölzer an – es müsste nun wie ein U aussehen. Zeichnen Sie die Linien der Kanthölzer auf dem Holzbrett nach.

3. Kleben Sie die Kanthölzer mit dem Holzleim auf die eingezeichneten Felder. Entfernen Sie sichtbaren Holzleim mit einem Tuch und lassen Sie den Leim trocknen.

4. Nun kleben Sie eine Holzleiste mittig auf ein langes Kantholz: Auf den beiden langen Seiten müsste die Leiste nun jeweils 1 cm überstehen. Kleben Sie die andere Leiste entsprechend auf das zweite lange Kantholz. Damit's noch schöner wird, können Sie das Brett nach Belieben bemalen oder bekleben. Wie das aussehen kann, sehen Sie auf Seite 39.

Spielanleitung

Legen Sie Futter unter die Deckel. Um an das Futter zu gelangen, muss Ihr Hund die Deckel zur offenen Seite schieben, bis sie vom Brett herunterfallen. Einige Vierbeiner schieben die Deckel mit der Nase weg, andere lieber mit den Pfoten. Was bevorzugt Ihr kleiner Freund?
So wird's schwieriger: Stellen Sie das Brett mit der offenen Seite nach oben auf und halten Sie es fest – Ihr Hund muss die Deckel nun nach oben aus dem Brett schubsen.

Unter jedem Deckel wartet ein Leckerli. Jetzt muss N'Joy nur noch herausfinden, wie er da rankommt.

Intelligenzspiele für Hunde

Zauberkiste

Spielidee:

Eine besondere Herausforderung, die Geduld und Geschick erfordert – und bei der am Ende ein Leckerchen rausspringt.

....

 -

Das brauchen Sie:

- 1 große Streichholzschachtel (6,3 cm Breite x 11 cm Länge)
- ca. 25 cm Kordel
- Gewebeband, 4,8 cm Breite

Benötigtes Werkzeug:

- kleine Schere

....

So geht's:

1. Schneiden Sie ein Loch in die obere Seite der Streichholzschachtel. Das Loch sollte so groß sein, dass Futter hindurchpasst.

2. Stechen Sie mit der Schere zwei kleine Löcher in die vordere Seite des Schubfachs.

3. Ziehen Sie die Enden der Kordel von außen durch die Löcher des Schubfachs. Verknoten Sie die im Schubfach liegende Kordel – außen sehen Sie nun eine Schlaufe – und schneiden Sie überstehendes Seil ab. Bekleben Sie den Knoten und den Boden des Schubfachs mit dem Klebeband.

Spielanleitung

Befüllen Sie die Zauberkiste vor den Augen Ihres Hundes durch das obere Loch mit Leckerchen, nehmen Sie sie in die Hand und zeigen Sie Ihrem Hund die Kordel. Zieht er daran, öffnet sich das Schubfach und er kann sich die Leckerchen nehmen. **Für Fortgeschrittene:** Ihr Hund soll das Schubfach mit der Nase anstupsen und so schließen, damit es wieder mit Leckerchen gefüllt werden kann. Mit Clickertraining geht das besonders einfach, doch auch Hunde ohne Clickererfahrung können diesen Trick lernen.

....

Auf den Punkt

Bieten Sie Ihrem Hund eine Orientierungshilfe (Target), indem Sie beispielsweise ein Stück Korken auf das Schubfach kleben. Ziel ist es, dass Ihr Hund dieses Target mit der Nase anstupst. Bringen Sie ihm zunächst bei, den Korken mit der Nase zu berühren. Halten Sie ihn hierzu in die Nähe der Hundenase. Schaut Ihr kleiner Freund neugierig die Streichholzschachtel an, belohnen Sie ihn. So wird die Kiste immer interessanter für ihn. Belohnen Sie nun jede weitere Berührung des Targets. Berührt Ihr Hund sicher den Targetpunkt mit der Nase, setzen Sie einmal mit der Belohnung aus. Ihr Vierbeiner wird das Verhalten, dass ihm vorher sicher ein Leckerli eingebracht hat, jetzt wahrscheinlich deutlicher zeigen und mit der Nase fester gegen die Schachtel drücken – und bald kann er das Schubfach schließen. Toll gemacht!

....

Tipp

Für mittelgroße und große Hunde können Sie beispielsweise eine Schublade zur Zauberkiste umfunktionieren.

Vorsichtig öffnet Peanut das Schubfach, indem sie an der Kordel zieht.

Werkzeug optimal nutzen

Selbermachen macht einfach Spaß! Dabei ist es gar nicht schlimm, wenn es beim ersten Mal vielleicht mehrere Versuche braucht, bis das Ergebnis Sie bzw. Ihren Hund zufriedenstellt. Werkzeuge helfen Ihnen, Ihre Ideen zu verwirklichen. In Ihrem Baumarkt finden Sie alles, was Sie dafür brauchen.

Holz schneiden

Um Holz auf die gewünschte Größe zurechtzuschneiden, zum Beispiel für die Schubladen oder das Rad des **Fun-Park-Spiels** (Seite 56), verwenden Sie am besten eine **Stichsäge**. Befestigen Sie das Holz mit Schraubzwingen an einer Werkbank oder an einem Arbeitstisch, damit es während des Sägens nicht verrutschen kann. Zeichnen Sie sich Ihre Schnittlinien mit einem Bleistift vor und sägen Sie langsam entlang der vorgezeichneten Linie. Schalten Sie danach die Maschine aus und lassen Sie das Sägeblatt zum Stillstand kommen, bevor Sie die Stichsäge aus dem Holz herausnehmen und zur Seite legen.

Wichtig: Achten Sie darauf, dass das Kabel während des Sägens nicht in den Schnittverlauf kommt. Bevor Sie die Stichsäge anschalten, sollte das Sägeblatt keinen Kontakt zum Holzstück haben, sonst könnte Ihnen die Maschine unerwartet hochspringen.

Schrauben befestigen

Mit einem **Akkuschrauber** und **Bits** (Schraubaufsätzen) in verschiedenen Größen und Varianten wird das Eindrehen von Schrauben zum Kinderspiel. Achten Sie darauf, immer den passenden Aufsatz für die verwendeten Schrauben zur Hand zu haben. Fixieren Sie die Schraube und drehen Sie sie mit leichtem Druck ein. Um die Schraube herauszubekommen, stellen Sie die Drehrichtung um und ziehen Sie den Akkuschrauber langsam heraus.

Es gibt auch passende Aufsätze für Bohrmaschinen, dann ist allerdings wichtig, dass sich eine langsamere Geschwindigkeit einstellen lässt, um Beschädigungen des Materials zu verhindern.

Eine Stichsäge zu verwenden ist einfacher als man denkt.

Löcher bohren

Um kleinere Löcher zu bohren, benötigen Sie einen **Spiralbohrer** als Aufsatz für die **Bohrmaschine** oder den **Akkuschrauber**. Sie können damit beispielsweise Löcher für die Schrauben vorbohren. Nachdem Sie den Spiralbohreraufsatz an der Bohrmaschine oder dem Akkuschrauber befestigt haben, setzen Sie ihn an der Bohrstelle an und beginnen, mit leichtem Druck das Loch zu bohren. Danach stellen Sie den Richtungsschalter um, damit die Drehrichtung nun gegen den Uhrzeigersinn läuft, um den Aufsatz ganz leicht wieder herauszudrehen. **Tipp:** Auch das geht leichter, wenn Sie das Brett vorher mit Schraubzwingen an der Werkbank oder Arbeitsplatte befestigen.
Damit Sie Löcher mit größeren Durchmessern bohren können, verwenden Sie einen **Lochsäge-Aufsatz** an der Bohrmaschine oder dem Akkuschrauber. Achten Sie darauf, dass Sie beim Bohren gleichmäßigen Druck auf das Holz ausüben und langsam beginnen. Ziehen Sie den Aufsatz erst dann aus dem Holz, wenn er völlig zum Stillstand gekommen ist.

Löcher entstehen schnell mit einem **Spiralbohrer.**

Holz glätten

Um Holzsplitter und scharfe Kanten an den Hundespielen zu vermeiden, sollten Sie alle bearbeiteten Teile glätten. Verwenden Sie für kleinere Flächen Schmirgelpapier mit 120er-Körnung. Bei größeren Flächen nimmt eine Schleifmaschine Ihnen die Arbeit ab.

Um den Hund nicht zu gefährden, schleifen Sie am besten sämtliche Kanten ab.

Spionspiel

Spielidee:

Hier sind Nasenarbeit und Geschicklichkeit gefragt, um ans Ziel zu kommen.

....

Das brauchen Sie:

- 1 Holzbrett (A), 50 cm x 1 cm x 35 cm (B x H x T)
- 1 Holzbrett (B), 50 cm x 1 cm x 35 cm (B x H x T)
- 1 Holzbrett (C), 60 cm x 0,4 cm x 20 cm (B x H x T)
- 12 Holzschrauben/Achsstecher, 8 mm x 2,4 cm Länge (können mit einer Gartenschere gekürzt werden)
- Holzleim

Benötigtes Werkzeug:

- Akkuschrauber oder Bohrmaschine
- Lochbohrer, Durchmesser 40 mm
- Lochbohrer, Durchmesser 60 mm
- Spiralbohrer, 8 mm
- Schmirgelpapier oder Schleifmaschine
- Bleistift

....

So geht's:

1. Befestigen Sie den 40-mm-Lochbohrer am Akkuschrauber oder an der Bohrmaschine und bohren Sie zwölf Löcher in Holzbrett A. Platzieren Sie die Löcher so, dass sie gleichmäßig verteilt sind und zwischen ihnen noch etwas Platz bleibt.

2. Kleben Sie Brett A auf Brett B.

3. Mit dem 60-mm-Lochbohrer bohren Sie nun zwölf Löcher in Holzbrett C. Die dabei entstehenden runden Holzplättchen brauchen Sie noch: Nehmen Sie die Plättchen daher vorsichtig aus dem Lochbohrer heraus. Denken Sie daran, vorher die Bohrmaschine auszuschalten!

4. Schleifen Sie das Brett und die zwölf Holzplättchen mit dem Schmirgelpapier oder der Schleifmaschine ab, damit das Holz schön glatt ist und keine Splitter hervorstehen.

5. Befestigen Sie zum Schluss die runden Plättchen auf dem Brett. Legen Sie dazu jeweils ein Plättchen auf eine Öffnung. Bohren Sie mit dem Spiralbohrer jeweils ein Loch durch das Plättchen und in die Bretter A und B.

6. Stecken Sie durch jedes Loch eine Holzschraube und verbinden Sie so die Plättchen mit den Brettern. **Wichtig:** Die Holzplättchen müssen sich noch verschieben lassen.

....

Spielanleitung

Sie können jetzt Futter in den Löchern verstecken, diese abdecken und Ihren Hund nach den Futterbröckchen suchen lassen.

....

Leichter als gedacht: **Schritt für Schritt zum selbstgemachten Intelligenzspielzeug.**

Geschafft! Pudel-Dame Snoopy hat die knifflige Aufgabe
gelöst und sich nun ihre Leckerei verdient.

Spielgerüst: Basis-Gestell

Spielidee:

Durch verschiedene Aufsätze äußerst variabel:
Das Spielgerüst fordert Ihren Hund immer
wieder heraus. Er wird es lieben!

Das brauchen Sie:

- 2 Kanthölzer, 55 cm x 3 cm x 3 cm (B x H x T)
- 1 Holzbrett, 40 cm x 1,8 cm x 40 cm (B x H x T)
- 2 Kreuzschlitzschrauben, 5 mm x 60 mm Länge
- selbstklebende Antirutschmatte, 30 cm x 30 cm
- 1 Rundholz, 33 cm Länge, Durchmesser 0,8 cm
  (wird später für die Aufsätze benötigt)

Benötigtes Werkzeug:

- Akkuschrauber oder Bohrmaschine
- Spiralbohrer, 4 mm
- Zollstock
- Bleistift
- Spiralbohrer, 8,5 mm
- Schraubendreher (Schraubenzieher),
  Kreuzschlitz

So geht's:

1. Nehmen Sie eines der Kanthölzer. Bohren Sie
   in eine der Unterseiten ein Loch mit dem 4er-
   Bohraufsatz. Messen Sie von dort 25 cm, 37 cm
   und 50 cm ab und markieren Sie die Stellen
   mittig mit dem Bleistift. Wiederholen Sie das
   beim anderen Kantholz. Durchbohren Sie die
   Kanthölzer an den markierten Stellen mit dem
   8,5-er Aufsatz.

2. Messen Sie an einer Seite des Holzbretts 20 cm
   ab, genauso an der gegenüberliegenden Seite.
   Zeichnen Sie eine Linie, um die beiden Punkte
   miteinander zu verbinden. Messen Sie nun ab
   dem Rand 5 cm ab und markieren Sie die Stelle;
   genauso auf der gegenüberliegenden Seite. Bohren Sie an diesen Markierungen jeweils ein Loch
   mit dem 4er-Bohraufsatz.

3. Schrauben Sie die Kanthölzer durch die vorge-
   bohrten Löcher am Holzbrett fest. Die Kanthölzer stehen nun senkrecht auf dem Brett.

5. Befestigen Sie die Antirutschmatte an der Unter-
   seite des Holzbretts.

Tipp

*Die Maße sind für ein Gerüst für kleine Hunde angegeben.
Ist Ihr Hund größer, können Sie eine größere Bodenplatte
verwenden, damit Ihr Vierbeiner darauf steht, gegebenenfalls
auch entsprechend längere Kanthölzer.
Lackieren Sie das Brett und die Kanthölzer in Ihrer Lieblings-
farbe. Damit es noch schöner wird, können Sie Pfoten oder
Knochen aufmalen oder das Spielgerüst bekleben.*

Flaschendrehen einmal anders. Peanut gefällt's!
(Hier im Bild: das Spielgerüst mit dem Flaschen-
schleuder-Aufsatz, Seite 50.)

Aufsatz fürs Basis-Gestell:

Flaschenschleuder und Lottotrommel

Spielidee:

Voller Einsatz für Schnauze und Pfoten. Wer an die Leckerchen will, muss sich anstrengen.

Das brauchen Sie:

- 1 Hartplastikflasche, 0,5 l
- 2 Hartplastikflaschen, 0,1 l (z. B. von probiotischen Drinks)
- 1 Kunststoffdose mit Deckel, Durchmesser ca. 18 cm (z. B. eine Süßwarenverpackung)
- Basis-Gestell (Seite 48)
- Rundholz (Seite 48)

Benötigtes Werkzeug:

- Akkuschrauber oder Bohrmaschine
- Spiralbohrer, 4 mm
- Nagelschere

Flaschenschleuder – so geht's:

1. Bohren Sie mit dem 4er-Bohraufsatz in jede Flasche zwei gegenüberliegende Löcher. Stecken Sie die Flaschen durch die Löcher auf das Rundholz.

2. Befestigen Sie das Rundholz an den Kanthölzern, indem Sie die Enden in zwei gegenüberliegende Löcher stecken. Durch Drehen der Kanthölzer sitzt das Rundholz fest. Befürchten Sie, dass das Rundholz beim Spielen herausfällt, können Sie ein längeres Rundholz verwenden und es außen mit Klebeband oder einem Gummistopfen fixieren.

3. Haben Sie noch die Deckel der Flaschen? Dann stechen Sie Löcher in die Deckel und schrauben Sie sie vor dem Spiel auf die Flaschen auf – dann fällt jeweils nur ein Leckerchen heraus.

Lottotrommel – so geht's:

1. Schneiden Sie mittig in den Boden der Dose sowie in den Deckel jeweils ein 0,85 cm großes Loch.

2. Schneiden Sie vier Löcher in den Rand der Dose. Die Löcher müssen so groß sein, dass Futterstückchen durchpassen.

3. Stecken Sie das Rundholz (Seite 48) durch die Löcher der Dose in Boden und Deckel. Befestigen Sie nun das Rundholz an den mittleren Löchern des Spielgerüsts.

Spielanleitung

Zeigen Sie Ihrem Hund, wie Sie die Flaschen bzw. die Lottotrommel mit Futter befüllen. Dreht er an den Flaschen oder am Rad, fällt das Futter heraus und er kann es sich schmecken lassen. Guten Appetit!

In Peanuts Lottotrommel gibt's keine Nieten – nur Gewinne!

Aufsatz fürs Basis-Gestell:
Glockenturm

Spielidee:

Diesmal muss an einer Kordel gezogen werden, um an die begehrten Futterbröckchen zu kommen. Ganz schön knifflig!

Das brauchen Sie:

- *1 Kunststoffbehälter mit Deckel, ca. 8,5 cm Durchmesser (z. B. eine Marmeladenverpackung)*
- *2 Kunststoff- oder Baumwollseile, 75 cm Länge, 0,8 cm Durchmesser (Seil 1 und Seil 2)*
- *Gewebeband, 50 cm*
- *Basis-Gestell (Seite 48)*
- *Rundholz (Seite 48)*

Benötigtes Werkzeug:

- *Schere*

So geht's:

1. Schneiden Sie mittig in den Boden der Dose sowie in den Deckel jeweils ein Loch – groß genug, um die Seile durchzuziehen.

2. Stecken Sie **Seil 1** durch das Loch der Dose und verknoten Sie das innen liegende Ende. Wickeln Sie noch etwas Klebeband um den Knoten, damit er nicht ausfranst. Es sollten noch etwa 50 cm vom Seil übrig sein.

3. Ziehen Sie **Seil 2** durch den Deckel und verknoten Sie das Seilende an der Innenseite des Deckels. Wickeln Sie auch um diesen Knoten etwas Klebeband.
Legen Sie das andere Ende von **Seil 2** so übereinander, damit sich eine Schlaufe ergibt. Fixieren Sie die Schlaufe mit dem Klebeband. Setzen Sie dann den Deckel auf die Dose.

4. Stecken Sie das Rundholz (Seite 48) in die oberen Löcher des Spielgerüsts. Legen Sie **Seil 1** über das Rundholz und bestimmen Sie die für Ihren Hund passende Höhe: Ihr Vierbeiner sollte die Schlaufe unter dem Deckel leicht mit der Schnauze erreichen können.

5. Fixieren Sie **Seil 1** mit Klebeband und schneiden Sie überflüssiges Seil ab.

Spielanleitung

Die Dose hängt am Spielgerüst. Füllen Sie Futter hinein und schließen Sie den Deckel. Animieren Sie Ihren Hund, an der Deckelschlaufe zu ziehen, damit sich die Dose öffnet und das Futter herausfällt. Voilà!

Peanut spielt Glöckner – und wird dafür mit einem Futterregen belohnt.

Spielregeln für Zweibeiner

1. Stellen Sie die Spiele nur zum Spielen hin und räumen Sie sie direkt nach dem Spielen wieder weg. So bleiben die Spiele etwas Besonderes und Ihr Hund kommt nicht auf die Idee, darauf herumzukauen.

2. Finden Sie den richtigen Zeitpunkt: Ihr Hund sollte wach, aber nicht überdreht sein. Bei vielen Hunden ist nach einem kurzen Spaziergang die Aufmerksamkeit besonders hoch.

3. Belohnen Sie zunächst einmal jedes Interesse Ihres Hundes an dem Spiel: bei schüchternen Vierbeinern bereits das Anschauen des Spiels.

4. Feuern Sie Ihren Hund mit positiv besetzten Wörtern wie „toll" und „super" an.

5. Spielen Sie mit Ihrem Hund vor dem Fressen, denn mit ein wenig Hunger ist die Motivation einfach größer.

6. Finden Sie die richtige Belohnung für Ihren Hund: Er sollte das Futter mögen, aber nicht vor lauter Vorfreude überdrehen. Probieren Sie verschiedene Leckerchen aus.

7. Beenden Sie das Spiel, solange Ihr Hund noch Interesse hat – dann ist die Freude beim nächsten Spiel besonders groß.

8. Schließen Sie das Spiel mit einem Schlusswort wie „Fertig" und einer deutlichen Gestik, zum Beispiel überkreuzten Armen, ab. Dann steht Ihr Hund nicht in Erwartungshaltung und kann sich entspannen.

„Das Warten fällt mir
ganz schön schwer!"

„Bitte spiel noch eine Runde mit mir!
Das macht so Spaß!"

Fun Park

Spielidee:

Beim Fun Park gilt es, etwas zu drehen, zu ziehen, hochzuheben und zu schieben – ein wirklich abwechslungsreiches Spiel.

 -

Das brauchen Sie:

- 4 Sperrholzplatten (Platte 1, Platte 2, Platte 3, Platte 4), 57 cm x 27 cm x 0,7 cm (L x B x H)
- 4 Holzschrauben, 3,5 x 25 mm Länge
- 2 Holzleisten, 18 cm x 1 cm x 0,7 cm (L x B x H)
- Holzleim
- 6 Nägel (Drahtstifte Flachkopf blank), 15 mm Länge
- 1 Holzschraube mit Kreuzschlitz, 5 x 30 mm Länge
- 1 Baumwollseil, 2,50 m, Durchmesser 8 mm

Benötigtes Werkzeug:

- Bleistift
- Spiralbohrer, 8 mm
- 2 Schraubzwingen
- Stichsäge
- Lochbohrer, Durchmesser 40 mm
- Lochbohrer, Durchmesser 60 mm
- Schleifmaschine
- Hammer
- Akkuschrauber oder Schraubenzieher

Teil 1 – so geht's:

Auszusägende Felder werden mit Großbuchstaben (z. B. A) bezeichnet, die ausgeschnittenen Elemente mit entsprechendem Großbuchstaben und Nummerierung (z. B. A1).

1. Nehmen Sie eine der vier Holzplatten (Platte 1), zeichnen Sie die auszusägenden Felder ein (Maße siehe Foto auf Seite 57 unten) und sägen Sie anschließend die Felder A und B mit der Stichsäge und die Felder C, D und E mit dem Lochbohrer wie eingezeichnet aus.
   Wichtig: Die ausgeschnittenen **Elemente** dieser Felder werden später noch benötigt!

2. In das **Drehradelement A1** wird nun ein Loch gebohrt: 1 cm vom Rand entfernt mit dem 60er-Lochbohrer. Durch dieses Loch nimmt Ihr Hund später Leckerchen aus der Drehscheibe auf.

3. Bohren Sie nun mit dem Spiralbohrer neun gleichmäßig verteilte Löcher ca. 2 cm vom Rand entfernt in das **Drehradelement A1**. Durch diese Löcher kann Ihr Hund später die Leckerchen erschnüffeln. Bohren Sie ein weiteres Loch in die Mitte.

4. Nehmen Sie das **Element B1** und sägen Sie zwei 6 x 7 cm große Holzstücke ab (diese werden nachfolgend als **Schieberelemente B2** und **B3** bezeichnet).

Die gestrichelten Linien stehen für Schubladen, die darunter liegen werden.

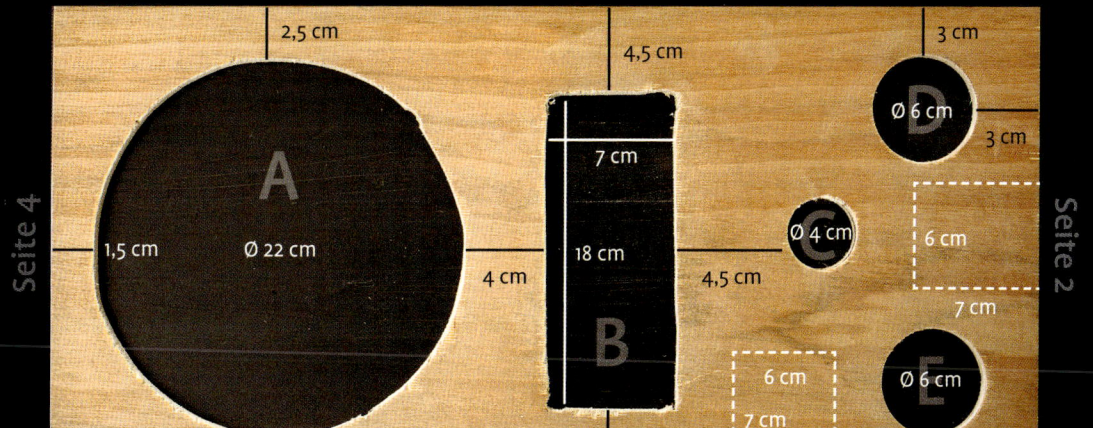

Seite 4

Drehrad

Schieber

Deckel

Schublade

Schublade

Seite 3

Seite 2

Seite 1

2,5 cm

4,5 cm

3 cm

Ø 6 cm

D

3 cm

A

Ø 22 cm

7 cm

18 cm

B

4 cm

Ø 4 cm

C

4,5 cm

6 cm

7 cm

Seite 2

1,5 cm

6 cm

7 cm

Ø 6 cm

E

Seite 4

2,5 cm

4,5 cm

Seite 3

Teil 2 – so geht's:

5. Legen Sie Platte 1 auf Platte 2 und fixieren Sie beide mit Schraubzwingen.

6. In das Loch von Feld A legen Sie nun das **Element C1** als Schablone und zeichnen auf Platte 2 die Umrisse 2 cm vom Rand entfernt nach. Wiederholen Sie das drei Mal, bis vier Kreise in Feld A eingezeichnet sind. In diese Löcher werden später die Leckerchen für das Drehrad gelegt.

7. Zeichen Sie auf Platte 2 mit **Element C1** als Schablone zwei Kreise in Feld B ein, mittig, der äußere Rand ist jeweils 1 cm entfernt von den kurzen Seiten des Feldes B.

Zeichnen Sie auf Platte 2 die Umrisse von **Element C1** auch entsprechend mittig in die Felder D und E ein.

Zeichnen Sie die Umrisse von Feld C auf Platte 2 nach.

8. Legen Sie Platte 1 zur Seite. Nun zeichnen Sie die Schubladen auf Platte 2 ein: Legen Sie **Schieberelement B2** als Schablone mit der kurzen Seite (6 cm) mittig an Seite 2 von Platte 2 und zeichnen Sie die Umrisse nach. Wiederholen Sie das an Seite 3; der rechte Rand der Schablone ist 12 cm zur Ecke von Seite 2 entfernt.

9. Legen Sie die Platten 2 und 3 übereinander und fixieren Sie diese mit Schraubzwingen. Sägen Sie alle auf Platte 2 eingezeichneten **Felder** aus den Platten 2 und 3 aus.

Mit Element C1 als Schablone werden vier Kreise in Feld A auf Platte 2 eingezeichnet (Schritt 6).

Hier wurden bereits Kreise in die entsprechenden Felder eingezeichnet (Schritt 6 und 7), die später aus Platte 2 und 3 ausgesägt werden (Schritt 9).

Teil 3 – so geht's:

10. Legen Sie alle vier Platten aufeinander: unten die unbearbeitete Platte 4, darauf Platte 3, dann Platte 2, oben liegt Platte 1. Fixieren Sie die Platten mit Schraubzwingen.
Verbinden Sie alle vier Platten miteinander: Drehen Sie dazu in jede Ecke von Platte 1 jeweils eine Schraube, die durch alle vier Platten geht.

11. Nehmen Sie die **Schieberelemente B2 und B3**. Kleben Sie auf jedes dieser beiden Stücke mittig je eines der runden **Elemente**, die Sie aus Feld A auf Platte 2 und 3 mit Hilfe der Schablone C1 (Durchmesser 4 cm) ausgesägt haben.

12. Legen Sie die beiden **in Schritt 11 hergestellten Elemente** in Feld B. Befestigen Sie eine Holzleiste mit drei Nägeln auf einer der langen Seiten von Feld B: Die Leiste soll 0,5 cm überstehen. Wiederholen Sie das auf der anderen Seite mit der anderen Leiste.

13. Schneiden Sie drei Seilstücke mit einer Länge von jeweils 50 cm zurecht. Nehmen Sie nun die **Deckelelemente C1, D1 und E1**. Durch das Aussägen mit dem Lochsägeaufsatz hat jedes automatisch ein Loch in der Mitte: Ziehen Sie ein Seil durch jedes Loch. An einem Ende des Seils machen Sie einen Knoten, am anderen eine Schlaufe.

In zwei der vier Schubladenelemente wird ein Loch gebohrt (Schritt 15).

So sehen die zusammengeklebten und mit einer Kordel versehenen Schubladen aus.

14. Legen Sie nun ein **rundes Element mit 4 cm Durchmesser** (übrig geblieben bei Schritt 9) mittig auf **Element A1**. Befestigen Sie beide mit der Schraube mittig in Feld A miteinander. Wichtig: **Element A1** muss sich leicht drehen lassen.

15. Nehmen Sie die vier **Schubladenelemente** (siehe Schritt 8). Bohren Sie in zwei davon mit dem 40er-Lochbohrer jeweils ein Loch (siehe Bild auf Seite 60 links). Kleben Sie **jeweils ein Schubladenelement mit Loch und eines ohne Loch** zusammen.

16. Ist der Leim getrocknet, bohren Sie in die Quadrate mit dem Spiralbohrer ein Loch, sodass Sie das Seil daran befestigen können. Ziehen Sie das Seil hindurch, machen Sie innen jeweils einen Knoten und außen eine Schlaufe (siehe Bild). Stecken Sie die Schubladen in die dafür vorgesehenen Fächer.

Spielanleitung

Füllen Sie in das Drehrad, in die Löcher der Schieber, unter die Deckel und in die Schubladen Futter. Ihr Hund darf dabei gerne zuschauen, wenn er absitzt oder von einer weiteren Person festgehalten wird. Für vierbeinige Anfänger ist der Anfang leichter, wenn Sie zuerst alle Suchöffnungen einen Spalt breit geöffnet lassen.

Service

Buchtipps

- del Amo, Celina: *Spielschule für Hunde. 117 Tricks und Übungen.* Verlag Eugen Ulmer, Stuttgart 2011
- del Amo, Celina: *Spaßschule für Hunde. 100 x spielen, tricksen, clickern.* Verlag Eugen Ulmer, Stuttgart 2009
- del Amo, Celina: *Abenteuer für Hunde. Spiel und Spaß unterwegs.* Verlag Eugen Ulmer, Stuttgart 2011
- Hesel, Lynn: *Apportierspiele. Dummyarbeit Schritt für Schritt.* Verlag Eugen Ulmer, Stuttgart 2009
- Jakob, Anja: *Hundespiele für zu Hause. Denksport, Tricks & Spiele.* Verlag Eugen Ulmer, Stuttgart 2013
- Schweizer, Holger H.: *Das große Heimwerkerbuch. Techniken, Geräte, Materialien.* Verlag Eugen Ulmer, Stuttgart 2012
- Sondermann, Christina: *Einfach schnüffeln! Nasenspiele für den Hundealltag.* Verlag Eugen Ulmer, Stuttgart 2011
- Sundance, Kyra: *101 Hundetricks.* Verlag Eugen Ulmer, Stuttgart 2009
- Sundance, Kyra: *51 Tricks für junge Hunde. Spiel und Spaß für Welpen und Junghunde.* Verlag Eugen Ulmer, Stuttgart 2012
- Sundance, Kyra: *101 Hunde-Hobbys. Spiele und Tricks aus aller Welt.* Verlag Eugen Ulmer, Stuttgart 2011
- Sundance. Kyra: *10-Minuten-Spiele für Hunde. 86 x Spiel, Spaß & Sport.* Verlag Eugen Ulmer, Stuttgart 2012

Bildnachweis

Alle Fotos stammen von Heike Schmidt-Röger.
Titelfoto: Heike Schmidt-Röger

Linktipps

- www.dogityourself.com
  Homepage der Autorin; Community von Hunde-freunden mit Schritt-für-Schritt-Anleitungen zum Selbermachen von Hundesachen, wie z.B. Intelligenzspielzeug, Leinen und Hundebetten
- www.trickhund.de
  Blog der Autorin mit zahlreichen Artikeln rund um Spiele- und Tricktraining
- www.spass-mit-hund.de
  Homepage von Christina Sondermann mit tollen Beschäftigungsmöglichkeiten und Spiel-anregungen für Mensch-Hund-Teams für jede Gelegenheit

Über die Autorin

Corinna Lenz wohnt mit ihrem Partner und ihren Vierbeinern Snoopy, N'Joy und Peanut in Paris und Bonn und gibt Trick-, Beschäftigungs- und Spielkurse. Darüber hinaus hat sie die Community-Website www.dogityourself.com initiiert, die tolle Do-it-yourself-Ideen für Hundefreunde parat hält. Ein weiteres Steckenpferd von Corinna Lenz ist die positive Erziehung von Hunden mit Hilfe des Clickers. Ihr Motto: Nur bei einer gewaltfreien Zusammenarbeit arbeitet ein Hund kreativ mit und wächst immer wieder über sich hinaus.

Dank der Autorin

Ich danke meinem Partner Clement und meinen Eltern, die immer für mich da sind und mich in jeder Lebenssituation unterstützen.

Außerdem möchte ich mich bei Andrea Bonitz, Christian Puchalski und Sonja Czlapa dafür bedanken, dass ich ihre Spielideen veröffentlichen durfte. Danke auch an die ganze Dog it Yourself-Community, die von Anfang an so begeistert an der Website mitgebastelt hat. Besonders erwähnen möchte ich Gerdi Hermann und Jürgen Schmidt.

Für das tolle Fotoshooting und die Unterstützung bei diesem Buch möchte ich mich bei meiner Fotografin und Lektorin Heike Schmidt-Röger bedanken.

Haftungsausschluss: Die in diesem Buch enthaltenen Empfehlungen und Angaben sind von der Autorin mit größter Sorgfalt zusammengestellt und geprüft worden. Eine Garantie für die Richtigkeit der Angaben kann jedoch nicht gegeben werden. Autorin und Verlag übernehmen keinerlei Haftung für Schäden und Unfälle. Der Leser sollte bei der Anwendung der in diesem Buch enthaltenen Empfehlungen sein persönliches Urteilsvermögen einsetzen.

Impressum

Bibliografische Information der Deutschen Nationalbibliothek
Die Deutsche Nationalbibliothek verzeichnet diese Publikation in der Deutschen Nationalbibliografie; detaillierte bibliografische Daten sind im Internet über *http://dnb.d-nb.de* abrufbar.

Hinweis: Der Verlag Eugen Ulmer ist nicht verantwortlich für die Inhalte der im Buch genannten Websites.

© 2013 Eugen Ulmer KG
Wollgrasweg 41, 70599 Stuttgart (Hohenheim)
E-Mail: info@ulmer.de
Internet: www.ulmer.de

Lektorat: Heike Schmidt-Röger, Kathrin Gutmann
Herstellung: Ulla Stammel
Umschlagentwurf und Layout: Sojus Design / Kai Twelbeck, Stuttgart
Druck und Bindung: Litotipografia Alcione, Lavis
Printed in Italy

ISBN 978-3-8001-7954-1